AF455832

RÉPUBLIQUE FRANÇAISE

GOUVERNEMENT GÉNÉRAL DE L'ALGÉRIE

LA COLONISATION EN ALGÉRIE

Concessions gratuites et Ventes à Bureau ouvert

RENSEIGNEMENTS DIVERS

ALGER
IMPRIMERIE TYPO-LITHO RIVES ET ROMEU
14-16, Rue Bab-el-Oued, 14-16

1924

L'ALGÉRIE

Sa Situation

L'Algérie est située en face de la France, à un jour de mer de Marseille ou Port-Vendres. De toutes les nations européennes, la France est la seule qui possède une colonie dans une situation aussi enviable.

L'Algérie colonisable est presque aussi grande que la France. Mais, d'une part, elle est plus montagneuse et moins régulièrement arrosée, ce qui diminue sa superficie exploitable ; d'autre part, sa conquête n'a été terminée que depuis une soixantaine d'années. Cela explique que sa population indigène, cependant presque doublée en 30 ans, ne dépasse guère 4 millions 1/2 d'habitants et que, malgré les grandes facilités que l'on a de s'y rendre, sa population de race blanche compte seulement 800.000 individus, dont un peu plus de la moitié sont Français.

Son Outillage économique

L'Algérie n'est plus le pays que nos troupes ont trouvé, sans routes, sans ponts, sans ports, et dont le sol, pour la majeure partie, était à l'état inculte.

Aujourd'hui, son outillage économique est important et se complète de jour en jour. Il compte 30.000 kilomètres de routes nationales et de chemins de grande communication et d'intérêt commun.

Ses chemins de fer ont plus de 3.300 kilomètres de développement. Ils desservent les trois départements algériens, vont des frontières du Maroc à la Tunisie et s'avancent jusqu'au seuil des régions désertiques.

Les ports d'Alger, d'Oran, de Mostaganem, de Philippeville, de Bône, de Bougie sont en communication constante avec la France et les pays voisins. Des courriers postaux à marche régulière font le transport des personnes, des correspondances et des marchandises à destination de Marseille, Cette et Port-Vendres.

D'autres lignes de paquebots mettent les centres maritimes de l'Algérie en relations avec Bordeaux, Saint-Nazaire et Rouen.

Sept câbles sous-marins fonctionnent entre la France et l'Algérie pour la transmission des télégrammes.

Dans l'intérieur de l'Algérie, le service postal, télégraphique et téléphonique est assuré par environ 1.000 bureaux divers.

Les taxes postales, télégraphiques et téléphoniques sont en Algérie les mêmes qu'en France.

Ses Services publics

L'instruction publique est donnée dans les trois lycées d'Alger, d'Oran et de Constantine, dans les collèges communaux de Blida, Médéa, Bône, Philippeville, Sétif, Sidi-bel-Abbès, Mostaganem, Tlemcen, dans un certain nombre d'établissements privés et dans plus de 1.000 écoles primaires et primaires supérieures.

Il existe, en outre, deux écoles normales de garçons à la Bouzaréa, près d'Alger, et à Constantine et trois écoles normales de filles à Miliana, Oran et Constantine.

Tous les centres sont pourvus d'écoles.

Il existe une importante école d'agriculture à Maison-Carrée, près Alger (Institut Agricole), et une école pratique à Philippeville, dans le département de Constantine. Une école d'Apprentissage d'Arts et Métiers est établie à Dellys (département d'Alger) et de nouveaux établissements d'enseignement technique professionnel ouvriront prochainement leurs portes.

Alger est le siège de facultés de Droit, de Lettres, de Sciences, de Médecine et de Pharmacie.

Les services administratifs, judiciaires, religieux et d'assistance médicale et hospitalière sont également assurés dans la colonie.

L'Algérie est divisée en trois départements subdivisés en un certain nombre d'arrondissements, administrés par des préfets et des sous-préfets.

Ses principales Productions agricoles

L'Algérie est avant tout un pays de production agricole.

La **vigne** demeure, plus particulièrement dans le département d'Alger, la culture de prédilection des colons. Elle exige des capitaux, mais, hors les périodes de mévente, fournit rapidement des bénéfices importants. Elle occupe une superficie de 160.000 hectares, donnant un rendement moyen de 7.500.000 hectolitres.

Les **céréales** dominent dans les départements de Constantine et d'Oran. Dans toute l'Algérie, elles couvrent une étendue de 2.500.000 hectares produisant en moyenne 19 millions de quintaux.

Les tuzelles de Sidi-bel-Abbès sont renommées. Les blés durs de la région de Médéa, des plateaux de Sétif, de la plaine du Chéliff, produisent des semoules de choix.

A côté de ces grandes productions du sol algérien progresse la culture de l'olivier.

Les **oliviers** susceptibles de rapport dépassent le chiffre de 9.000.000 et fournissent environ 400.000 hectolitres d'huile.

La culture du **figuier** a pris dans ces dernières années un rapide et important développement.

L'élevage du **bétail** constitue aussi une des principales ressources de l'Algérie. A lui seul l'élevage du *mouton* permet d'expédier chaque année, en France, plus d'un million de bêtes.

Son Crédit

Le Crédit est fourni par de nombreux établissements financiers : la Banque de l'Algérie, la Société Générale, le Crédit Foncier, le Crédit Lyonnais, la Compagnie Algérienne, le Crédit Algérien, et par de nombreux Comptoirs d'escompte.

43 Caisses régionales et 313 Caisses locales de crédit agricole mutuel, groupant 20.108 adhérents, organisées comme en France et recevant comme celles de la Métropole des avances de l'Etat, fournissent des prêts aux petits colons. Les Caisses régionales ont pu prêter depuis 1923 au moyen du réescompte 49.643.641 francs de crédits de campagne en ne disposant que de 17.485.200 francs d'avances.

D'autre part, elles disposaient à fin 1923 avances spéciales de la Colonie s'élevant à 2.101.781 francs dont 970.586 pour consentir des prêts individuels à long terme ordinaires au taux de 2 °/₀ dans les conditions des décrets du 25 Mars 1915, et 1.131.205 francs pour accorder des prêts à 1 °/₀ aux pensionnés militaires et victimes civiles de la guerre dans les conditions des décrets du 13 Août 1921.

Il existe enfin, en Algérie, au 31 décembre 1923, 83 Sociétés coopératives (caves, docks à céréales, docks à tabacs, matériel agricole et Sociétés diverses) ayant reçu de l'Etat des avances à long terme d'un montant global de 8.091.878 francs et des subventions s'élevant à 4.335.300 francs.

Main-d'œuvre et Salaires

Les Indigènes gagnent en moyenne :

A la journée, sans nourriture, 5 francs à 8 francs.

Les Européens gagnent :

A la journée, sans nourriture, 8 à 15 francs.

Les nouveaux concessionnaires trouveront parmi les indigènes la main-d'œuvre dont ils pourront avoir besoin pour suppléer éventuellement leur effort personnel en vue de l'exploitation de leurs terres. Pour obtenir d'eux le maximum de rendement, ils se souviendront qu'il est indispensable de les traiter avec la plus grande justice et d'éviter avec soin toute brutalité, comme toute familiarité excessive. Ils auront à cœur d'exécuter fidèlement les marchés passés avec eux, tant pour le paiement régulier des salaires que pour l'exécution des travaux.

Ce n'est qu'à ce prix que les rapports entre les colons et les indigènes sont profitables aux uns et aux autres. En agissant autrement, on provoque des défiances incurables et des inimitiés graves, qui se manifestent tôt au tard, par des actes mettant en péril la sécurité des biens et des personnes.

La Colonisation

A l'heure où une production agricole insuffisante oblige notre pays à recourir à l'importation étrangère, aggravant ainsi le malaise économique dont se ressent notre change, il est du devoir de tout Français, disposant de quelques capitaux de contribuer au ravitaillement général de la nation en participant à la mise en valeur des superficies incultes ou encore mal cultivées que renferme l'Algérie.

L'Algérie est en état de recevoir de nombreuses familles de la Métropole. Les Français travailleurs et actifs peuvent avoir un réel intérêt à s'y installer.

Toutes les bonnes volontés trouvent des chances sérieuses de succès en Algérie, mais cette Colonie est plus particulièrement indiquée pour des agriculteurs de la Métropole, à l'étroit sur des terres insuffisantes. Ils peuvent, pour la même somme d'argent et d'efforts, obtenir en Algérie des propriétés beaucoup plus importantes, destinées à des plus-values de capital croissantes et rapportant, si on les exploite avec compétence, d'importants bénéfices.

En dehors des territoires cultivés par les indigènes, des régions assez étendues et assez riches pour faire vivre et prospérer des Européens s'offrent à l'activité des cultivateurs.

Dans le but de compléter le peuplement de la Colonie par l'élément français, le Gouvernement Général de l'Algérie choisit, chaque année, divers territoires qu'il relie par des routes aux centres voisins. Il y amène l'eau indispensable aux besoins des habitants, y construit les bâtiments publics nécessaires pour constituer un village et y assurer l'installation des services administratifs, scolaires et médicaux.

Le territoire est divisé en un certain nombre de propriétés qui comprennent généralement un lot à bâtir dans l'intérieur du village et un ou plusieurs lots appropriés aux genres de culture de la région.

La superficie totale de la propriété varie, suivant les lieux et la valeur des terres entre 60 et 100 hectares ; dans certaines régions elle atteint même 200 hectares de façon à permettre à un colon et à sa famille non seulement de vivre mais de prospérer.

Ces propriétés sont concédées à titre gratuit ou vendues à bureau ouvert.

D'autre part, il existe dans la plupart des villages de colonisation des groupes industriels comprenant un lot urbain et un lot de jardin ou de petite culture dont la superficie varie entre quelques ares et 2 hectares. Ces groupes sont en général, vendus *de gré à gré* avec obligation de construire.

Enfin, il a été réservé, dans les villages construits au bord de la mer ou dans les régions montagneuses et boisées particulièrement pittoresques, des *lots d'estiveurs* qui sont vendus à des conditions particulières.

Les personnes désirant avoir des renseignements plus complets soit sur les concessions, sur les groupes industriels ou sur les lots d'estiveurs, peuvent s'adresser au Gouvernement général de l'Algérie (Direction de l'Agriculture, du Commerce et de la Colonisation, 26, Boulevard Carnot, Alger) ou à l'Office de l'Algérie (10, rue des Pyramides, à Paris).

CONCESSIONS GRATUITES

Conditions et Formalités à remplir pour obtenir une Concession

Pour postuler utilement une concession il faut :

1° **Etre citoyen Français d'origine européenne ou Européen naturalisé, jouir de ses droits civils et n'avoir jamais été acquéreur, concessionnaire ou cessionnaire à quelque titre que ce soit, de terres de colonisation en Algérie.**

Peuvent toutefois être admis au bénéfice d'une concession gratuite, les Français, même n'étant pas d'origine européenne, s'ils sont titulaires du diplôme de sortie de l'Institut Agronomique, de l'Ecole Nationale d'Agriculture et de l'Institut Agricole d'Algérie ;

2° **Etre chef de famille nombreuse** (le nombre d'enfants **mineurs** constituant un élément très important dans le choix de candidats) ;

3° **Avoir des connaissances agricoles suffisantes et notoirement justifiées ;**

4° **Posséder les ressources nécessaires à la mise en valeur d'une exploitation agricole.**

Un capital minimum de 20.000 francs est exigé. Toutefois ce capital est manifestement insuffisant en raison de la situation économique actuelle. Pour faire face aux frais de construction de bâtiments d'habitation, d'achat de matériel et de cheptel, de défrichement et de subsistance pendant le temps d'improductivité de la propriété et si l'on ne veut pas courir au devant d'un échec il est nécessaire de disposer d'un capital de 45.000 à 50.000 francs ;

5° **S'engager à résider personnellement et d'une manière effective avec sa famille pendant une durée de vingt ans**(1) **sur les terres concédées.**

Formulée sur papier timbré (2), la demande indiquera le centre dans lequel le pétitionnaire désire être placé comme concessionnaire. L'Administration tiendra compte de ce désir dans la mesure où les circonstances le lui permettront. Si le demandeur n'a pas de préférence marquée, il se contentera de désigner le département ou la région qui lui plairait davantage.

Il produira un extrait, de date récente, de son casier judiciaire et la justification de ses ressources disponibles, au moyen des avertissements du Service des Contributions directes et d'un certificat d'un dépôt en banque ou de toutes autres pièces probantes qui pourront lui être réclamées par le Service Administratif qui constituera son dossier.

Notamment, lorsque ces ressources consistent, en totalité ou en majeure partie, en immeubles, le pétitionnaire sera tenu de fournir un certificat du conservateur des hypothèques indiquant les charges qui peuvent grever ses biens.

Obligations et Droits des Concessionnaires

Le concessionnaire obtient immédiatement la propriété des terres concédées, sous réserve des restrictions et des cas de déchéance ou de résolution suivants :

Il doit transporter son domicile et résider sur la terre concédée avec sa famille, d'une manière effective et permanente, pendant *vingt années* à partir de sa mise en possession.

Il a un délai de *six mois*, à dater de la notification de son admission, pour s'y installer avec sa famille.

---

(1) La durée de l'obligation de résidence peut, dans certains cas, être réduite à quinze ans. Voir page 9, les obligations et droits du concessionnaire.

(2) La demande devra être adressée à l'Office de l'Algérie, 10, rue des Pyramides, à Paris, si le candidat habite la Métropole ; au Préfet du département d'Algérie où le candidat désire être placé, si celui-ci est algérien

Il doit, en outre, construire sur l'un de ses lots des bâtiments d'habitation et d'exploitation, y installer le bétail et l'outillage que comportent l'étendue de la concession et le mode de culture. La valeur minimum de ces constructions et du cheptel vif ou mort à installer est fixée par l'arrêté spécial de concession.

Le concessionnaire qui, ayant rempli toutes les obligations ci-dessus, a de plus fait sur son lot les améliorations utiles et permanentes fixées par l'arrêté spécial susvisé, et édifié des bâtiments d'une importance suffisante peut, après quinze ans, être affranchi de la condition de résidence, à charge de rester personnellement responsable de la bonne exploitation des terres concédées pendant le délai restant à courir.

Le concessionnaire qui a résidé pendant six ans sur sa propriété peut céder ses terrains à toute personne réunissant les conditions exigées des concessionnaires. L'acte de cession est obligatoirement soumis à l'approbation de l'autorité qui a accordé la concession. Le cessionnaire est alors substitué au cédant pour l'accomplissement de ses obligations.

L'Etat, soit en cas de déchéance prononcée, soit en cas de vente poursuivie à la requête des créanciers, renonce à se prévaloir de tout privilège ou action résolutoire vis-à-vis des personnes qui auront consenti au concessionnaire en se conformant aux dispositions de l'art. 16 du décret du 9 Septembre 1924 des prêts hypothécaires destinés à des travaux de bâtiments ou à des travaux agricoles, constituant des améliorations utiles et permanentes.

Le concessionnaire qui ne remplit pas les conditions imposées est frappé de déchéance.

Si des améliorations (1) ont été effectuées, dont le chiffre et égal ou supérieur à 15 francs par hectare ou s'il y a des créanciers se trouvant dans les conditions indiquées ci-dessus, la concession est vendue par voie administrative, afin de réduire les frais au minimum.

Toutefois au lieu de recourir à l'adjudication l'Etat a le droit de reprendre possession de la propriété après verse-

(1) Le montant des améliorations est fixé par expertise contradictoire aux frais du concessionnaire.

ment au concessionnaire de la valeur des améliorations et aux créanciers de l'art. 16 du montant de leurs créances.

Sur le prix de l'adjudication, l'on prélève une somme égale au montant des améliorations ; cette somme est consignée au compte de tous ayants-droit. L'Etat retient ce qui reste disponible.

Avant l'expiration d'un délai de vingt ans, à partir du jour où il a été satisfait aux conditions de résidence et d'exploitation énumérées plus haut, les terres concédées ne peuvent être transmises par voie de cession à titre onéreux ou à titre gratuit, qu'aux personnes qui remplissent les conditions exigées pour l'attribution des terres de colonisation.

Avant l'expiration du délai de vingt ans ci-dessus indiqué, les terrains concédés ne peuvent être loués à des indigènes.

En cas de décès du concessionnaire, la condition de résidence peut être remplie par les héritiers ou par l'un d'eux seulement.

Recommandations

Les propriétés de colonisation offrent à nos agriculteurs de la Métropole, à une distance relativement courte de chez eux et sur terre française, *une existence plus large et les chances les plus sérieuses d'aisance véritable.*

Mais les futurs colons ne sauraient trop se pénétrer de cette idée que si l'Algérie leur offre les moyens de se constituer un patrimoine foncier de valeur, le succès ne peut y être acquis qu'avec de l'*énergie* et de la *persévérance.*

Le travail personnel prolongé, la santé physique et la résistance morale, les qualités d'ordre et de prévoyance sont indispensables pour surmonter les difficultés du début et conduire à bien une semblable entreprise.

Le colon doit savoir demander à la terre toutes les ressources qu'elle est en état de produire et ne pas négliger, ce qui est trop souvent son tort, les *cultures accessoires*, le jardin fruitier et potager, l'étable, le poulailler, le rucher.

Il faut donc qu'il soit autant que possible rompu à la pratique agricole. Il est tout aussi essentiel pour sa réussite qu'il ait des *avances* afin de faire face aux dépenses que lui occasionneront son installation, l'achat d'un cheptel et d'un matériel agricole adapté au pays, les salaires de la main-d'œuvre supplémentaire, la nourriture et l'entretien des siens.

Hygiène

Pour conserver sa santé et la rendre meilleure au besoin, on doit prendre certaines précautions, qui constituent ce que l'on appelle les règles de l'hygiène.

S'il est prescrit d'observer ces règles en tout pays, il est plus indispensable encore de les suivre dans les contrées nouvelles, parce que la santé y est soumise à la double influence du climat et de l'état du sol en transformation.

L'Algérie, en raison de sa situation géographique et de son orographie, a des climats variés, mais aucun n'est funeste aux Européens. La partie qui baigne la Méditerranée jouit d'un climat tempéré et humide. La partie centrale occupée par les Hauts-Plateaux a un climat plus froid l'hiver, plus chaud l'été et sec en tout temps. Enfin, dans la partie qui confine aux régions désertiques, la température se caractérise par une chaleur extrême pendant une grande partie de l'année et des froids très vifs de courte durée.

Aux débuts de la conquête, la mortalité était excessive en Algérie. Il n'en n'est plus de même aujourd'hui. L'assainissement du sol par les drainages, la modification du climat par les plantations et les cultures, l'observation des préceptes de l'hygiène, l'application, avec discernement, de la thérapeutique spéciale aux affections des pays chauds, ont puissamment contribué à rendre la santé publique meilleure. De nos jours, sous le rapport de la progression de la natalité, la colonie européenne de l'Algérie peut être mise en parallèle avec les Etats continentaux les plus favorisés à cet égard.

Pour se conformer aux règles d'hygiène, le colon, et plus

particulièrement celui venant de France, se préoccupera, dès son arrivée sur la terre qu'il va occuper, de son habitation, de ses vêtements et de son alimentation.

Habitation

Il importe avant tout d'avoir une habitation saine.

On construira de préférence sur une hauteur, en évitant le voisinage des parties basses, des endroits humides et des eaux croupissantes. Une maison isolée doit être, autant que possible, orientée du Nord au Sud. On choisira surtout un emplacement où l'écoulement des eaux soit assuré, où l'on ait de l'air et du soleil. Il faut éviter de cacher, comme on l'a fait trop souvent, la maisonnette au milieu des arbres. Les plantations d'arbres sont très utiles ; il est même avantageux de constituer des massifs d'arbres pour protéger des vents trop violents et de la chaleur solaire, mais ces plantations doivent se trouver à une petite distance de l'habitation.

Le souci du choix d'un emplacement est, d'ailleurs évité pour celui qui obtient une concession dans un centre de colonisation. Chaque concessionnaire reçoit, en effet, un lot à bâtir, desservi par une rue bien aérée, ou parfois même situé sur la place publique. En y construisant sa maison, le colon n'a donc pas seulement l'avantage d'avoir à proximité l'école pour ses enfants et toutes les ressources du village, ou celui de réaliser une économie sur les terrassements et les clôtures, il a surtout l'avantage d'avoir une habitation placée dans de bonnes conditions de salubrité.

Si l'on ne construit pas le rez-de-chaussée sur une cave, il faut tout au moins le faire reposer sur une bonne couche de béton, de façon à chasser l'humidité que le sol pourrait répandre dans l'habitation. Avec les mêmes fondations et la même toiture, on peut élever la construction d'un étage, où l'on couchera de préférence. Ce n'est que pendant les grandes chaleurs qu'on s'établira au rez-de-chaussée.

Lorsqu'il y a de l'humidité dans l'air, on ne doit pas dormir les fenêtres ouvertes.

L'habitation, une fois construite, devra être tenue dans le plus grand état de propreté.

Il faudra veiller aussi à l'écoulement des eaux ménagères ; les lieux d'aisances seront placés dans un endroit tel qu'aucune infiltration ne soit possible et entretenus avec beaucoup de soin.

Le voisinage des animaux domestiques peut présenter certains inconvénients. Leur présence entraîne celle des mouches, les unes dangereuses, les autres simplement gênantes. On s'en garantira à l'intérieur en plaçant des toiles métalliques contre les fenêtres. Il faut, enfin, aussi souvent que possible, blanchir à la chaux ordinaire les écuries et les étables si l'ont veut éviter les épidémies.

Il n'est pas bon non plus de ranger dans la maison les instruments de travail ; mieux vaut les placer sous un hangar, à l'extérieur.

Il est délivré à tous les concessionnaires ou acquéreurs qui en font la demande une notice avec dessins renfermant les indications pratiques nécessaires pour permettre d'installer économiquement une maison d'habitation et d'exploitation.

Vêtements

Les variations de température sont des causes de refroidissement. Les refroidissemente sont toujours à craindre. On les évitera en portant une ceinture large, protégeant les reins et l'abdomen. On doit se munir de vêtements amples, laissant la liberté des mouvements, et en laine, de préférence.

Dans les périodes de fatigue, des frictions énergiques sur tout le corps avec un linge rugueux imbibé d'alcool camphré préserveront des refroidissements et redonneront la souplesse aux membres.

On s'abstiendra aussi de rester dehors sans nécessité après le coucher le soleil. Si l'on y est obligé, on ne saurait trop se bien couvrir et se garantir des piqûres de moustiques.

Comme coiffure, il faut employer un chapeau à larges bords dont le sommet ne repose pas directement sur le crâne. Les yeux sont ainsi protégés, et l'on n'a pas à craindre non plus les insolations. Cette coiffure sera en feutre, en paille, ou en moëlle de sureau. Mais le feutre est un peu lourd ; la moëlle de sureau, le liège, sont plus répandus ; on en fabrique de grands chapeaux blancs, genre cochinchinois, ou bien des casques à visière et à couvre-nuque.

La plus grande propreté corporelle est recommandée, car la malpropreté sur soi est la source de bien des maux.

Alimentation

Le colon devra s'assurer une alimentation saine et nutritive. Il réparera ainsi les forces qu'il dépense en travaillant, il s'en procurera de nouvelles et cela sans excès de fatigue pour l'estomac.

En été, cependant, il devra manger un peu moins, restreindre l'usage de la viande de boucherie et de la graisse et recourir de préférence aux produits du jardin et de la basse-cour, aux légumes, à la volaille, aux œufs et au lait. Ne pas abuser des épices.

En ce qui concerne les jeunes enfants, on leur conservera longtemps le lait maternel et on évitera de les sevrer pendant les mois de juillet, août et septembre, surtout si cette saison coïncide avec la période difficile de l'évolution dentaire.

La Colonie produit du vin de très bonne qualité, et le Français, habitué à cette boisson, n'éprouvera aucun détriment à en faire un usage modéré. L'eau que l'on consomme est souvent souillée en dehors des conduites ou réservoirs qui la fournissent. Il conviendra de veiller à ce que les conduites, réservoirs et tous les récipients où elle peut séjourner dans l'habitation soient toujours en parfait état de propreté et à l'abri des poussières de toute nature. On peut d'ailleurs, remplacer l'eau pure par des infusions légères ou des tisanes rafraîchissantes.

Quant aux boissons fortement dosées d'alcool, il est prudent de s'abstenir d'en boire. De même, il convient de proscrire les liqueurs proprement dites, apéritifs, toniques, digestifs, etc., dont l'absorption, à la longue, peut affaiblir gravement l'organisme. Les inconvénients de l'alcool, notoirement funestes en France, sont bien plus graves en Algérie, surtout pour des nouveaux venus, en raison de l'élévation de la température et des difficultés de l'acclimatation.

Dispositions spéciales

Les Agents du Service agricole général sont chargés de faire, dans les centres de colonisation, des tournées au cours desquelles ils donnent aux concessionnaires les indications les plus utiles à connaître.

Tous les renseignements sur le climat, la nature du sol, les grandes cultures, les cultures industrielles, les cultures arbustives, les pépinières, le bétail, les marchés, les stations de monte, les ressources du pays, les matériaux de construction, seront fournis aux colons.

Il est entendu d'ailleurs, que, dans leurs causeries, les Agents du Service agricole ne doivent pas perdre de vue qu'il ne s'agit nullement de se substituer à l'initiative du colon, ni de l'encourager dans telle ou telle entreprise, mais bien de lui fournir toutes les données dont il peut avoir besoin pour orienter son exploitation et la mettre en rapport le plus rapidement possible.

Les nouveaux colons qui débarquent à Alger sont reçus à leur arrivée par un fonctionnaire du Gouvernement général, chargé de les renseigner sur les moyens de gagner leur concession de la façon la plus économique.

Dès leur arrivée, les nouveaux colons feront bien de s'adresser de préférence à l'administrateur de la commune mixte dont dépend le centre qu'ils vont habiter, pour être exactement mis au courant des usages et des coutumes de la région.

Ce fonctionnaire les renseignera sur le mode de construction, les prix courants, les contrats de défrichement, de culture, de moisson, etc.

VENTES A BUREAU OUVERT

Les personnes sollicitant l'attribution d'une concession gratuite ne peuvent, même en admettant qu'elles réunissent toutes les conditions voulues et quelle que soit la diligence de l'Administration, obtenir satisfaction qu'après une instruction de leur demande dont la durée n'est souvent pas inférieure à plusieurs mois. D'autre part, une notable partie des terres domaniales étant aliénées par la voie de la vente à bureau ouvert, le nombre des concessions gratuites n'est pas très élevé et le choix du futur colon ne peut s'exercer que dans une mesure restreinte.

Ces deux inconvénients disparaissent avec le système de la vente à bureau ouvert.

D'une part, en effet, le nombre des propriétés vendues est généralement supérieur à celui des concessions gratuites. En outre, leur étendue et leur valeur sont essentiellement variables. Tel agriculteur, dont les ressources sont modestes, et qui désire porter ses efforts principalement sur la culture des céréales, trouve à acheter la propriété moyenne que ses moyens lui permettent de mettre en valeur. Tel autre, disposant de capitaux plus considérables ou préférant se livrer à l'élevage du bétail, pourra acquérir un immeuble atteignant 200 hectares, et même plus. En un mot, chacun est assuré de trouver un terrain répondant à ses goûts et à ses facultés financières.

D'autre part, les délais, parfois assez longs, que comporte l'instruction d'une demande de concession gratuite sont ici entièrement supprimés. Pendant toute la durée de la vente à bureau ouvert, tout Français non possesseur de terres de colonisation, après avoir fixé son choix sur une propriété, n'a qu'à se présenter, pour en faire l'acquisition, soit en personne, soit par mandataire, chez le Receveur des Domaines du chef-lieu du département, qui lui en consent immédiatement la vente. L'acte est signé le jour même et la mise en possession de l'acquéreur est effectuée aussitôt après l'approbation de la vente par le Gouverneur général.

Les terres mises, dans ces conditions, à la dispositions des colons, sont toujours vendues sur des mises à prix inférieures à leur valeur réelle. De plus, l'Administration accorde aux acquéreurs de grandes facilités de paiement et même dans certains cas la remise d'une fraction importante du prix d'achat. Des renseignements à ce sujet sont contenus dans le modèle de cahier des charges inséré plus loin dans le présent livret.

L'on trouve également dans ce livret un modèle de soumission et un modèle de procuration pour le cas où l'acheteur se fait remplacer par un mandataire. Ces documents contiennent toutes les indications d'ordre général relatives aux ventes à bureau ouvert. Quant aux renseignements spéciaux aux immeubles compris dans une vente déterminée, ils font l'objet de notices qui sont envoyées, en même temps que le livret, à toute personne qui en fait la demande.

Il convient de remarquer que, pendant qu'une vente est en cours, l'Administration en prépare une nouvelle, de sorte que ces ventes se succèdent à peu près sans interruption.

CLAUSES ET CONDITIONS GÉNÉRALES

DES VENTES A BUREAU OUVERT

Conditions d'origine des acquéreurs et de réception des soumissions

Ne peuvent être admis comme acquéreurs que les Français d'origine européenne ou Européens naturalisés, mariés ou veufs avec au moins un enfant mineur, ou divorcés avec au moins un enfant mineur à leur garde, jouissant de leurs droits civils et n'ayant jamais été acquéreurs, concessionnaires ou cessionnaires, à quelque titre que ce soit, de terres de colonisation.

Peuvent toutefois, être admis comme acquéreurs, les Français qui n'étant pas d'origine européenne sont titulaires du diplôme de sortie de l'Institut Agronomique, des Ecoles Nationales d'Agriculture ou de l'Institut Agricole d'Algérie, s'ils sont mariés ou veufs avec au moins un enfant mineur, ou divorcés avec au moins un enfant mineur à leur garde.

Toute personne remplissant ces conditions sera admise à soumissionner, soit elle-même, soit par mandataire. Dans une même journée, elle ne pourra soumissionner que pour une seule propriété. En aucun cas, la même personne ne pourra, au cours d'une même vente, acquérir pour elle-même et se présenter comme mandataire d'une autre personne.

Le mandataire devra justifier d'une procuration régulière qui sera visée par lui, *ne varietur*, et déposée entre les mains du Receveur des Domaines (1).

(1) Un modèle de procuration est annexé au présent livret (voir à la fin).

Le même mandataire ne pourra représenter qu'une seule personne et sa procuration ne vaudra que pour la durée d'une vente.

Il ne sera pas admis de déclaration de command.

Le représentant légal d'un mineur non émancipé ne pourra acquérir au nom et pour le compte de son pupille.

Distinction entre les immigrants et les Algériens

Les propriétés mises en vente sont réservées pour moitié aux immigrants et pour moitié aux Algériens.

Sont considérés comme immigrants :

1° Les Français originaires de la Métropole habitant hors de l'Algérie ou ayant transporté leur domicile réel dans la Colonie depuis moins de 18 mois ;

2° Les militaires et les fonctionnaires des Administrations métropolitaines, en activité de service, détachés en Algérie, ainsi que ceux mis à la retraite ou en disponibilité depuis moins de 18 mois, à la condition d'avoir moins de dix ans de séjour dans la colonie et si, au moment de leur admission dans l'armée ou dans l'Administration, ils avaient leur domicile réel hors de l'Algérie.

3° Les anciens élèves de l'Institut Agricole d'Algérie et de l'Ecole d'Agriculture de Philippeville possédant la qualité d'immigrant à leur entrée dans ces établissements, conservent cette qualité pendant cinq ans après leur libération du service militaire.

La qualité d'immigrant ne pourra être acquise ou recouvrée par un Français d'Algérie qu'après trois ans de domicile réel dans la Métropole.

Première journée de vente. — Dépôt des soumissions et adjudications

Pour chaque propriété ou groupe de propriétés, le jour de l'ouverture des opérations de vente à bureau ouvert est indiqué par voie d'affiches et par un avis apposé d'avance à la porte du Bureau des Domaines et à l'entrée de la salle d'adjudication.

Au jour fixé, les offres sont reçues de 8 heures du matin à 11 heures. Néanmoins, les soumissions des personnes présentes dans les bureaux à 11 heures sont reçues passé ce délai. Les offres font l'objet d'une soumission conforme au modèle annexé au livret (Voir à la fin).

Chaque soumissionnaire est tenu de remplir une feuille de renseignements qui lui est fournie par le Receveur des Domaines et fournit un extrait de son casier judiciaire. Il verse immédiatement, à titre de dépôt, le premier terme du prix d'acquisition et désigne au Receveur la propriété du groupe (immigrant ou algérien) qu'il désire acquérir, mais il n'est déclaré acquéreur qu'à la fin de la séance du matin et dans le cas seulement où la propriété par lui soumissionnée n'a fait l'objet d'aucune autre offre dans la matinée. Le soumissionnaire qui ne se présente pas à l'heure fixée pour souscrire l'acte de vente, est déchu de tout droit pouvant résulter de sa déclaration, sans préjudice de son exclusion de la vente en cours.

Pour les propriétés ayant fait l'objet de plusieurs soumissions, les enchères sont ouvertes dès treize heures. La propriété est adjugée au plus offrant, qui signe immédiatement le procès-verbal d'adjudication établi par le Receveur des Domaines.

Le soumissionnaire qui ne se présente pas à l'heure fixée pour prendre part à l'adjudication est déchu de tous droits pouvant résulter de sa déclaration sans préjudice de son exclusion de la vente en cours.

Vente après la première journée et jusqu'à la date de clôture

Pour les propriétés qui n'ont pas trouvé preneur le premier jour de leur mise en vente, les offres sont reçues jusqu'à l'expiration de la période fixée, de 8 à 11 heures du matin. Dans le cas où l'une d'elles serait l'objet dans la même matinée de plusieurs soumissions, il est procédé aux enchères comme il est dit ci-dessus.

Mise en possession

La mise en possession de l'acquéreur a lieu par les soins du Service topographique, dans le délai d'un mois à partir du jour où la vente est devenue définitive.

Transfert de la propriété. — Servitudes. Réserves au profit de l'Etat

L'acquéreur est propriétaire de l'immeuble à partir du jour de la notification de l'approbation de l'acte de vente, sous réserve toutefois des droits et privilèges ci-après :

Jusqu'à ce qu'il ait satisfait à toutes ses obligations, l'acquéreur est tenu d'entrenir la propriété en bon état.

Il ne peut opérer, dans la propriété, aucun changement, faire aucune coupe de bois, extraction du sol ou démolitions, sans autorisation expresse du Gouverneur Général.

En cas de contravention, la totalité du prix de vente devient immédiatement exigible.

L'acquéreur jouit des servitudes actives et souffrira les servitudes passives, occultes, apparentes, déclarées ou non, sauf à faire valoir les unes et à se défendre des autres, à ses risques et périls et fortune, sans pouvoir, dans aucun cas, appeler l'Etat en garantie ou exercer contre lui aucun recours.

Le domaine de l'Etat fait réserve, à son profit, de la propriété des objets d'art, d'archéologie ou d'architecture, des trésors, médailles et monnaies anciennes, armes, mines, minières et phosphates qui viendraient à être découverts dans les terrains vendus. En cas de découverte de cette nature, l'acquéreur doit, sous peine de dommages-intérêts, en informer l'Autorité administrative.

Conformément aux dispositions de l'article 2 de la loi du 16 Juin 1851, la propriété des sources et cours d'eau existant sur les terres aliénées, les routes et chemins publics et toutes autres dépendances du domaine public qui pourraient s'y rencontrer, sont formellement exclus de la vente.

Paiement des termes

Le prix de vente est payable en plusieurs termes dont l'échéance est, pour chaque vente, fixée par arrêté du Gouverneur Général.

Il n'est pas dû d'intérêts si les termes du prix de vente sont payés exactement à l'échéance. En cas de retard, quelle qu'en puisse être la cause, chaque terme échu porte intérêt au taux légal, à partir du jour de son exigibilité. Dans le calcul des intérêts, tous les mois sont comptés pour trente jours, chaque jour pour un trois cent soixantième de l'année.

Les quittances délivrées par le Receveur n'opèrent la libération définitive de l'acquéreur qu'autant que les paiements ont été reconnus réguliers et suffisants par un décompte réglé conformément aux lois relatives à l'aliénation des biens de l'Etat.

Obligations imposées à l'acquéreur. — Réduction de la durée de résidence. — Remise des trois derniers huitièmes du prix de vente.

L'acquéreur est tenu sous peine de déchéance :

1° De payer le prix d'achat de sa terre et suivant la répartition fixée ;

2° De transporter son domicile sur la terre acquise et d'y construire une maison d'habitation et d'exploitation de la valeur fixée par l'arrêté spécial dans le délai de six mois à dater du jour de l'achat ;

3° D'y résider avec sa famille et de l'exploiter personnellement pendant vingt années à partir de sa mise en possession ;

4° De se conformer aux conditions spécifiées dans le cahier des charges de chaque vente.

La durée de l'obligation de résidence est réduite à quinze années, si l'acquéreur a résidé personnellement avec sa famille et sans interruption aucune pendant quinze ans, s'il l'a exploitée pendant le même temps personnellement, c'est-à-dire avec un matériel et un cheptel lui appartenant à l'exclusion de tout métayage ou location, et s'il justifie avoir construit des bâtiments d'habitation et d'exploitation et fait sur son lot les améliorations indiquées par l'arrêté spécial à chaque immeuble.

L'acquéreur qui a rempli les mêmes conditions peut bénéficier, en outre, d'une réduction de 3/8e du prix de vente. Il est statué à ce sujet par décision du Gouverneur Général.

Cession à titre gratuit ou onéreux.

L'acquéreur qui aura satisfait pendant six ans au moins aux obligations qui lui sont imposées peut céder ses terrains à toute personne remplissant les conditions exigées des acquéreurs primitifs. L'acte de cession est obligatoirement soumis à l'approbation du Gouverneur Général. Le cessionnaire se trouve substitué au cédant pour l'accomplissement des clauses et charges du contrat.

Avant l'expiration d'un délai de vingt ans, à dater du jour où il a été satisfait aux conditions de résidence et d'exploitation, l'immeuble vendu ne peut être transmis, à titre gratuit ou onéreux, qu'à des personnes remplissant les conditions imposées aux acquéreurs primitifs.

Toute transmission effectuée contrairement aux dispositions ci-dessus entraînera l'annulation de la vente et l'immeuble reviendra à l'Etat sous réserve des droits réels régulièrement constitués.

Interdiction de locations aux indigènes

Avant l'expiration du délai de vingt ans fixé ci-dessus, les terrains vendus ne peuvent, sous les mêmes sanctions, être loués à des indigènes.

Déchéance

A défaut d'exécution de l'une quelconque des charges et conditions de la vente, la déchéance est prononcée contre l'acquéreur par arrêté du Gouverneur Général, sous réserve du recours au Conseil d'Etat statuant au contentieux. L'arrêté, en cas de déchéance pour non paiement du prix aux échéances, est précédée d'une contrainte signifiée à l'acquéreur au moins quinze jours avant, conformément à l'article 8 de la loi du 15 floréal an X.

Dans tous les autres cas où la déchéance est encourue, l'arrêté qui la prononce est précédé d'une mise en demeure, notifiée au moins un mois à l'avance par la voie administrative à l'acquéreur. L'arrêté de déchéance est ensuite notifié dans les formes tracées par l'article 19 du décret du 9 Septembre 1924.

Faute de recours dans le délai d'un mois, l'immeuble est mis en vente par les soins de l'Administration des Domaines et par la voie des enchères publiques.

Ne seront admises à y concourir que les personnes remplissant les conditions exigées par l'article 4 du décret du 9 Septembre 1924. L'acquéreur déchu ne peut y prendre part. Il reste en possession jusqu'au jour de la vente.

Le prix de cette adjudication est versé, un cinquième comptant, le surplus dans le délai d'un mois, à la caisse du Receveur des Domaines de la situation des biens. Il est retenu par l'Etat, déduction faite du montant des améliorations et de la partie du prix de vente déjà versé par l'acquéreur.

L'Etat retiendra également, avant toute déduction, les frais de la procédure de déchéance. La partie du prix non retenue est versée au propriétaire déchu ou consignée au compte de tous ayants droit.

Toutefois, au lieu de recourir à l'adjudication, l'Etat a le droit de reprendre possession de la propriété en versant à l'acquéreur le montant des améliorations et de la partie du prix payé par lui et aux créanciers de l'art. 16 du décret du montant de leurs créances.

Garanties accordées aux créanciers de l'acquéreur

Dans le cas de déchéance, comme aussi dans le cas où la vente de l'immeuble est poursuivie à la requête des créanciers, l'aliénation ne peut avoir lieu qu'en la forme administrative.

De plus, dans les deux cas, l'Etat, nonobstant les termes généraux du paragraphe précédent, renonce à se prévaloir de tout privilège ou action résolutoire vis-à-vis des personnes qui ont consenti à l'acquéreur, dans les conditions prévues par l'art. 16 du décret du 9 Septembre 1924, des prêts hypothécaires destinés :

1° Aux travaux de construction ou de reconstruction, de réparations ou d'agrandissement des bâtiments d'habitation ou d'exploitation ;

2° A des travaux agricoles constituant des améliorations utiles et permanentes.

MODÈLE DE SOUMISSION

Territoire de
N° de la propriété
Prix de vente
2/8° de ce prix

Le *(date)*

Le sieur
né à département
de le
domicilié actuellement à
département de depuis ans,
a déclaré vouloir acquérir la propriété désignée ci-dessus, aux clauses et conditions générales insérées au cahier des charges de la vente à bureau ouvert et aux conditions particulières fixées pour les propriétés du territoire de , dont il certifie avoir pleine et entière connaissance et qu'il s'engage à exécuter strictement.

Dans le cas où, à l'heure fixée, il ne se présenterait pas pour souscrire l'acte de vente ou prendre part à l'adjudication, il déclare renoncer à se prévaloir de tout droit pouvant résulter de la présente déclaration, sans préjudice de son exclusion de la vente des terres de colonisation actuellement ouverte.

Il déclare, en outre, qu'il est français d'origine européenne ou naturalisé français de même origine (ou titulaire du diplôme de sortie de l'Institut Agronomique, des Écoles Nationales d'Agriculture ou de l'Institut Agricole d'Algérie), qu'il jouit de ses droits civils, qu'il n'est et n'a été ni acquéreur, ni concessionnaire, ni cessionnaire, à quelque titre que ce soit, de terres de colonisation, qu'il est :

1° marié avec au moins un enfant mineur ;
2° veuf avec au moins un enfant mineur ;
3° divorcé avec au moins un enfant mineur à sa garde (1) ;
Et qu'il se trouve dans les conditions voulues pour acheter au titre (2).

En foi de quoi il a signé avec nous.

Le Soumissionnaire, *Le Receveur des Domaines,*

(1) Rayer les mentions inutiles.
(2) Immigrant ou Algérien.

MODÈLE DE PROCURATION

Je soussigné (1) donne pouvoir à M (2) de, pour moi et en mon nom, acquérir de l'Administration des Domaines une des propriétés de colonisation comprises dans la vente à bureau ouvert et à cet effet signer tous actes relatifs à cette acquisition, promettant avoir le tout pour agréable et le ratifier au besoin.

Fait à

Etablir la procuration sur papier timbré.

Faire légaliser la signature par le Maire de la localité qu'habite le mandant.

(1) Nom, prénoms, profession et domicile.

(2) Mêmes indications ou nom en blanc si le mandataire n'est pas désigné.

Facilités de transport accordées aux Acquéreurs et aux Concessionnaires de terres de Colonisation

Les acquéreurs et concessionnaires de terres de colonisation reçoivent **sur demande adressée par eux au Préfet du département dans lequel est située leur propriété** un *acte provisoire* qui doit leur permettre de prendre possession de leur propriété et de bénéficier des facilités de voyage suivantes :

En **chemin de fer :** (France et Algérie) *transport à demi-tarif,* en 3e classe, de l'acquéreur, de sa famille et de ses domestiques de ferme et transport gratuit de 100 kilogrammes de bagages par personne.

Sur les **paquebots du service postal partant de Port-Vendres ou de Marseille :** *transport gratuit des personnes.*

Les réductions et franchises en chemin de fer sont accordées à la gare de départ, sur la présentation de l'acte provisoire.

Pour les passages sur mer, les réquisitions d'embarquement sont délivrées par les commissaires spéciaux de police des ports de Marseille ou de Port-Vendres, sur le vu de l'acte provisoire.

On doit, à moins d'un nouveau délai, qui peut être accordé par le Préfet du département où est située la propriété, faire usage de l'acte provisoire dans les trois mois.

Alger, Imp. Rives et Romeu

www.ingramcontent.com/pod-product-compliance
Ingram Content Group UK Ltd.
Pitfield, Milton Keynes, MK11 3LW, UK
UKHW022141260726
13993UKWH00005B/2074

9 782329 210933